MUSÉE NATIONAL
DU LOUVRE.

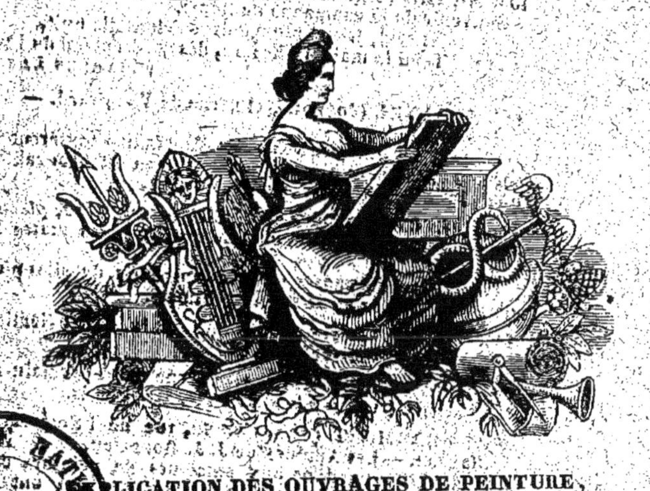

EXPLICATION DES OUVRAGES DE PEINTURE, SCULPTURE, ARCHITECTURE, GRAVURE ET LITHOGRAPHIE.

ANNÉE 1848.

PEINTURE.

1. ABEL DE PUJOL, 18, rue Albouy. — Saint-Philippe baptisant l'eunuque de la reine d'Ethiopie.

L'ange du seigneur parle à Philippe et lui dit : Allez vers le chemin qui conduit de Jérusalem à Gaza, là vous y rencontrerez un Ethiopien, eunuque, lisant le prophète Isaïe ; avancez et approchez-vous de lui. Philippe ayant vu l'eunuque, il lui dit : Croyez-vous comprendre ce que vous lisez ? Ayant marché quelque temps ensemble, ils rencontrent de l'eau dans le chemin, et l'eunuque dit : Voilà de l'eau, qui empêche que je sois baptisé ? Philippe répondit : Vous pouvez l'être si vous croyez de tout votre cœur. A quoi l'eunuque repartit : Je crois que J.-C. est le fils de Dieu. Aussitôt Philippe baptisa l'eunuque, qui fut fait ainsi chrétien.

41. ALLIER (Mlle ELISA), 49 ter, rue de Paradis-Poissonnière. — Derniers moments d'un colon de Petit-Bourg. (Toutes les têtes sont des portraits de colons.)

42. Gazotte sauvé par sa fille.

Ce tableau est palpitant d'intérêt et peint bien le véritable amour paternel ; l'attitude de cette jeune fille si belle et si courageuse doit faire verser des larmes à toutes les mères de famille.

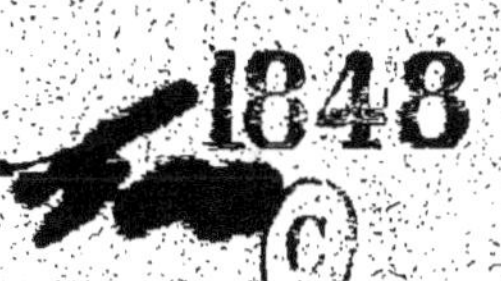

1848

71. **ANDRÉ JULES**, Rue Fontaine-saint-Georges. — Vue prise au bas Meudon, près Paris.

98. **ANTIGA** (ALEXANDRE), 31, quai Bourbon. — Scène d'atelier.

109. **ARAGO** (ALFRED), 350, rue Saint-Jacques-l'Aveugle. — Souvenir de la campagne de Rome.

Et seul, triste, plongé dans l'éternelle nuit,
Tend la main au hasard, dès qu'il entend du bruit.
(CHARLES LAFONT).

116. **AUBANEL** (JOSEPH), 110, rue de Vaugirard. — Le martyre de saint André.

Ce sujet a été inspiré à l'auteur d'après une conférence de M. Lacordaire, du 3 décembre 1843. Ce tableau est admirable; on voit que l'artiste était tout plein de son sujet.

134, 135, 136, 137. — **BACCUET** (Prosper), 12, place Bréda. — Armée d'Afrique. — Expédition pendant les quatre saisons en Algérie.

(Collection charmante pour les amateurs de sites pittoresques, de points de vue et de sujets militaires.

144. — **BADIN** (Pierre), 14 rue de Navarin. — Prédication de saint Dominique. (Miracle des Gerbes.)

190 — **BARD.** (Jean-Auguste). 15, rue Saint-Germain-des-Prés. — Charles VI visitant le château de Marcoussis.

200. — **BARMONT** (Honoré), 10, rue de l'Empereur, Barrière Blanche. — Les Amours de J. J. Rousseau.

Nous recommandons aux amateurs de peinture ce joli chef-d'œuvre et particulièrement aux personnes qui ont lu *les Confessions* du célèbre Genevois.)

202. — **BARON** (HENRI), 8 ter, rue Furstemberg. — Enfant vendu par des pirates.

242. — **BEAUCÉ** (JEAN-ADOLPHE), rue Percée-Saint-André-des-Arts. — Prise du pont de Saint-Prix. — Episode du combat de Champ-Aubert. (10 février 1814.)

L'empereur, dans la nuit du 9 au 10 février avait rejoint à Sezanne le prince de la Moscowa et le duc de Raguse, et le 10 toute l'armée se trouvait réunie. Vers 9 heures du matin, le duc de Raguse en observation sur la hauteur qui domine la vallée du Petit-Marin, aperçut le corps d'Alsuffiew. Le général Russe, au lieu de se retirer, voulut défendre le passage du pont; mais l'empereur le fit attaquer de suite par les divisions Lagrange et Ricard. Le pont fut bientôt emporté et l'ennemi poussé jusque sur Baye où il se déploya et fit jouer son artillerie; après une lutte acharnée, les Russes furent repoussés de toutes parts. Dans cette mémorable affaire, l'empereur Napoléon se fit remarquer par son génie supérieur.

269 — **BENDUSKI** (ROMAN), 9, rue Childebert. — L'Exilé.

Tu quitteras toutes les choses le plus chèrement aimées, et ceci est le premier trait que lance l'arc de l'exilé.) (LE DANTE.)

312. — **BERTHELEMY** (EMILE), 75, rue de Vaugirard. — La détresse.

A la suite d'une tempête, un navire tout désemparé et coulant bas d'eau force les passagers et l'équipage à se jeter en désordre sur les planches de salut qui leur restent, un radeau construit à la hâte et qui sera bientôt à la merci des flots.

23. — **BERTHOUD** (Fritz), 15, rue de La Rochefoucauld. Les Suisses, le soir de la bataille de Morat, au moment de la déroute de l'armée du duc de Charles de Bourgogne (juin 1476.)

374. — **BILLARDET** (Léon-Marie-Joseph), 20, rue M. le Prince. Abeilard instruisant Héloïse. — 375. Abeilard et Héloïse surpris par Fulbert; par le même.

Remercions l'auteur de ces deux sujets qui font si bien pendant, car l'un et l'autre ne peuvent se quitter, et nous aimons à croire que l'acquéreur aura assez de goût pour ne point les séparer et se donner une œuvre qui, par cette séparation, deviendrait imparfaite.

391. — **BISSON** (Pierre), 2 bis, rue Notre-Dame-des-Champs. — L'arracheur de dents.

Joli sujet pour rire. Un directeur de théâtre de province ayant fait faillite, le jeune premier et le comique ne sachant plus à quel saint se vouer, vu l'état de leur budget, ils se décident à arracher les dents. La première victime qui leur tombe sous la main est un vieux chasseur qui pendant l'opération fait des cris horribles.

505. — **BOSREDON** (Marie-Louis), 45, boulevard Mont-Parnasse. — Napoléon dans le parc de Malmaison.

Il observait la marche des troupes étrangères se dirigeant sur Paris, lorsqu'on lui remit la dépêche du gouvernement provisoire qui refusait son abdication en faveur de son fils; froissant le papier dans un sentiment d'indignation, il laissa échapper ces mots: « Abandonné de tout... » Un grenadier de la garde lui répondit: « Sire! si les graines d'épinards vous manquent, les épaulettes de laine vous restent fidèles. »

541. **BOURDON** (Louis), 9, rue de Trévise. — Le Miracle des Roses.

Il est inutile de faire l'apologie de ce sujet, tout le monde le connaît; au besoin, nous pouvons renvoyer les personnes qui l'ignorent, à l'ouvrage de M. Montalembert, ayant pour titre: Vie de sainte Élisabeth, ouvrage qui a miraculeusement servi à l'artiste.

556. **BOURGOIN** (Adolphe), 11, rue de Bruxelles-Tivoli. — Premiers regrets d'une jeune fille.

Tableau plein de finesse et d'une grâce parfaite.

574. — **BOUTERWEK** (Frédéric), 28, rue Fontaine-Saint-Georges. — Le trompette Escoffier devant Abd-el-Kader.

L'artiste a puisé son sujet dans l'ouvrage de M. Alby: Récit de la captivité d'Escoffier. La composition de ce chef-d'œuvre est charmante; c'est l'instant où l'émir Abd-el-Kader remet la croix d'honneur envoyée au courageux trompette, qui s'écrie, en la prenant des mains de l'émir et s'adressant à un de ses compagnons de captivité: « La croix! Bréant, ils ne m'ont pas oublié! Vive la France! »

738. — **CARDON** (Alexandre aîné), 7, rue du Pont-Louis-Philippe. — Mort de Gesler.

Guillaume Tell sur le rocher. « Tu as reconnu d'où partait le « coup; les chaumières sont délivrées, l'innocence n'a plus rien à « craindre de toi, tu ne désoleras plus cette contrée. »

(*Guillaume Tell*, acte 4, scène 3.)

801. — **CHAMPAGNE** (Lucien-Jules), 73, rue du Faubourg-Saint-Denis. — Vue d'une partie du château de Pierrefonds. Forêt de Compiègne: dessin d'après nature.

854. — **CHAVET** (Victor), 45, rue Pigale. — Charles VII et Agnès Sorel chez l'astrologue.

Agnès Sorel, voulant connaître son sort, s'adressa comme Charles VII à l'astrologue, qui, pour la flatter, lui prédit qu'elle devait fixer longtemps le cœur d'un grand roi. Agnès, saisissant cette occasion, demande au roi Charles VII la permission de se retirer près du roi d'Angleterre pour y remplir sa mission, « car, dit-elle au roi, il ne peut en être autrement : puisque bientôt vous allez perdre votre couronne, et qu'il va la réunir à la sienne. » Ces paroles firent tant d'impression sur le monarque qu'il se mit à pleurer, puis après, prenant courage, il fit si bien qu'il chassa les Anglais de son royaume.

940. — **COLIN** (Alexandre), 19, rue Mazarine. — Pie IX, accomplissant sa mission.

« Sortez de la poussière, levez-vous, asseyez-vous, ô Jérusalem ! « rompez les chaînes de votre cou, fille de Sion, captive depuis si « longtemps. » (Isaïe.)

941. — Masaniello. — Il excita le peuple de Naples à s'opposer à un nouvel impôt ajouté à d'autres fort onéreux; il fut le promoteur et le chef de l'insurrection. Pendant dix jours que dura son règne, il fut obéi avec plus de soumission que ne l'avait été le roi catholique par plus de 150,000 personnes armées (an 1647).

1021. **COURDOUAN** (Vincent), 29, rue de la Chaussée-d'Antin. — Vue générale du port d'Alger.

1022. Combat du Romulus le 13 février 1814.

Le Romulus commandé par le capitaine Rolland eut à soutenir avec sa division un combat contre quinze vaisseaux anglais. C'est là que le capitaine Rolland fut frappé à la tête par un biscayen qui le renversa sur le pont; mais bientôt revenu à lui, il n'en continua pas moins à donner ses instructions pour la manœuvre à exécuter et la route à suivre.

1071. **DARJOU** (Victor), 18, rue Poissonnière. — La loge de M. Bouffé, artiste des Variétés.

Il est représenté dans ses principaux rôles.

1103. **DEBAY** (Auguste), 37 bis, rue Notre-Dame-des-Champs. Le vieillard et les trois jeunes gens.

Ce sujet est tiré des fables du bon Lafontaine. Les trois jeunes gens plaisantent cet octogénaire qui plante encore; passe pour bâtir, disent-ils, mais planter à cet âge, assurément il radote.

1105. Le premier et le dernier quartier de la lune — 1105. Une jeune fille recherchée. L'intérêt lui dicte son choix.

Ces trois ouvrages sont du même auteur, et nous ne pouvions rendre une plus grande justice à son talent qu'en n'en répudiant aucun.

1109. **DEBON** (Hypolite), 13, rue des Petites-Écuries. — Défaite d'Attila dans les plaines de Châlons.

Attila, roi des Huns, ayant traversé le Rhin, arriva jusque dans les plaines de Châlons. Ætius et Théodoric, qui n'avaient rien négligé pour le combattre, s'avancent vers lui et les siens avec les *Alains* et les *Bourguignons*. Cette bataille fut effroyable; 170,000 morts couvrirent la plaine. Théodoric fut tué, mais Attila vaincu, repassa le Rhin.

1139. **DEHAUSSY** (Jules), 13, rue Lafayette. — Marguerite d'Anjou, après la bataille d'Exham.

L'armée ayant été dissipée, Marguerite d'Anjou se jeta dans une foret avec son jeune fils; des voleurs la rencontrèrent, la dépouillèrent de ses riches joyaux, et lui auraient ôté la vie, à elle et à son fils, si une querelle ne s'était élevée entre eux. Elle profita de cet incident et s'enfuit, mais elle fit la rencontre d'un autre brigand à qui elle résolut de se confier. — Sauve le fils de ton roi, lui dit-elle: il ne la trahit point, l'aida dans sa fuite et lui servit de guide.

1155. **DELACROIX** (Auguste), 9, rue des Grands-Augustins. — Un naufrage.

Jolie marine, nature toute vraie, coloris parfait.

1264. **DETOUCHE** (Laurent), 61, rue du Faubourg-Montmartre. Banlieue de Paris. — Catherine de Médicis chez Cosme Ruggieri.

Beau tableau, sujet historique, enfin tout ce qu'il faut pour plaire aux amateurs.

1283. **DIAZ DE LA PENA** (Narcisse), 13, rue Montholon. — Bohémiens écoutant les prédictions d'une jeune fille.

1326. **DUBAN** (Louis-Joseph-Amédée), 9, place Richer. — Quatre dessins à la plume. Imitation de la gravure sur bois et en taille-douce. — Même numéro : le Bal Mabille, l'Amour canotier.

1337. **DUBOIS** (Théodore), 23, rue Neuve-Breda. — Combat naval près de Plymouth, entre l'amiral Ruyter et le vice-amiral George Asthuë (26 août 1652).

1420. **DUMAX** (Ernest), 14, rue de l'Ancienne-Comédie. — La Laitière et le pot au lait.

> Perrette, là-dessus, saute aussi transportée :
> Le lait tombe ; adieu veau, vache, cochon, couvée.
> (Lafontaine, liv. VII, fable 10.)

1437. **DUPLANTY** (Hypolite), aux Batignolles, 9, rue du Boulevart. — Mort héroïque du comte d'Artois, frère de saint Louis.

A la suite d'une bataille, poursuivi par les ennemis, il est forcé de se retirer dans une maison ; les assiégeants voyant la résistance opiniâtre qui leur est opposée mirent le feu à la maison. Le comte d'Artois fit un trait digne de *Samson*. Il se plaça en travers de la porte, si bien que les murailles en s'écroulant, ensevelirent tous les Sarrasins avec lui.

1469. **DURAND** (Eugène), 4, rue de Chabrol. — Louis XV chez Mme Dubarry.

1596. **FANELLI SEMAH**, 14, rue de Chabrol. — Saint Jean prêchant dans la prison, au moment où la fille d'Hérodias le montre au soldat qui va lui trancher la tête.

1597. La prière de Judith. « Puis s'approchant du pilier du lit qui était vers la tête d'Holopherne, elle tira son cimeterre, et elle frappa sur son cou deux fois de toute sa force, tellement qu'elle lui emporta la tête.

1629. **FAVERJON**, 26, rue de l'Odéon. — Vue de Paris prise du parc de Clamart, soleil couchant.

Produisant beaucoup d'effet, couleurs vives et bien distribuées.

1735. — **FOUCAUCOURT** (Louis-Edouard), 19 *bis*, rue de Bourgogne. — Les adieux de Charles-Edouard.

Après la bataille de Cnlloden, qui eut lieu le 16 avril 1746.

Charles Edouard se réfugia dans les Hébrides. Poursuivi par les troupes du duc de Cumberland, il fut obligé de se cacher de retraite en retraite et vécut ainsi pendant cinq mois au milieu des fatigues et des périls inouïs. Son dernier asile était une espèce de caverne pratiquée dans les rochers. Le 13 septembre Glénalades vint le retrouver pour lui apprendre que deux navires français avaient jeté l'ancre dans la baie de Lehnamugh; avant de s'embarquer, Charles-Edouard voulut qu'on avertit de son départ tous ceux de ses partisans qui se cachaient dans les environs. La scène d'adieux fut touchante, et donna, comme on le voit, matière à faire un très-beau sujet digne de figurer dans la collection historique conservée dans notre pays amateur des collections rares et curieuses.

1770. — **FOURNIER** (Charles), 18, rue des Marais Saint-Germain. — Le Christ annonçant sa mission.

« Jésus lui dit: Je suis le chemin, la vérité et la vie; personne « ne vient au père que par moi. »

(*Evangile selon Saint-Jean, chap. XIV*).

1844. — **GAILDRAU** (Jules), place dauchine.
La déclaration interrompue.

1982. — **GIRARDOT** (Alexandre), rue du faubourg Montmartre, 4. — Mort du dernier Kalifat Sidi-Embarak-ben-Allal. (11 novembre 1843.)

Il était le conseiller le plus intime d'Abd-el-Kader, véritable homme de guerre, après lui, notre ennemi le plus acharné. Il fut poursuivi pendant trois jours dans les montagnes appelées Keefs. (Province d'Oran). Après une lutte sanglante où il blessa plusieurs des nôtres, il fut tué par un coup de pistolet tiré dans la poitrine par le brigadier Gérard du 2e chasseur.

1991. — **GIRAUD** (Lazare) à Belleville 148, rue de Paris. — Fleurs dans un bonnet de femme accroché à une lanterne.
Idée fort originale et qui n'est pas sans mérite.

1996. — **GIROUARD** (Mlle Henriquette), 9, rue de Lancry. — Louis XV après le départ de la belle duchesse de Châteauroux.
Il se recueillait fréquemment dans son cabinet de travail pour admirer ses traits chéris.

2081. **GRENIER** (Francisque), 20, place du Louvre. — Le contrebandier et sa famille.

2085. Portrait de M. Jules Gérard, maréchal-des-logis aux spahis, surnommé le *Tueur de lions*, pastel.

2095. **GROLIG** (Curt), à Versailles, 4, rue de Gravelles. — Bataille navale de Palerme entre la flotte française et les flottes combinées de Hollande et d'Espagne (31 mai 1676).

2115. **GUÉ** (Jean-Marie-Oscar), 4, rue des Capucines. — Othello raconte à Desdemone l'histoire de sa vie. Citons du même artiste,

2117. Saint Louis recevant, à Damiette, le patriarche de Jérusalem.

2145. **GUILBERT** (Charles-Michel), 1 bis, rue d'Erfurth. — L'empereur Napoléon au Kermlin, Moscou, 1812.

« Demain ! ô conquérant, c'est Moscou qui s'allume,
« La nuit comme un flambeau,
« C'est votre vieille garde, au loin jonchant la plaine;
« Demain, c'est Waterloo ! demain, c'est Sainte-Hélène,
« Demain, c'est le tombeau. (V. Hugo.)

2146. **GUILLARD** (ALFRED), 46, rue de l'Arbre-Sec. — La reine Malthide brodant l'histoire de la conquête de l'Angleterre.

On conserve à Bayeux, depuis le onzième siècle, une bande de tapisserie de plus de 70 mètres de longueur, représentant la conquête de l'Angleterre par les Normands. Une tradition constante veut que la femme de Guillaume-le-Conquérant, la reine Malthide elle-même ait brodé ce long récit des victoires de son illustre époux.

2190. **HAUSSOULLIER** (WILLIAM), 28, rue Bréda, avenue Frochot. — La courtisane.

Une courtisane de la grande Grèce suivie de ses amants, blasphème Apollon. Le dieu, pour se venger, jette le désordre et la mort parmi ces derniers.

2222. **HENNET** (ALPHONSE), 22, rue Godot-de-Mauroy. — Ulysse et Leucothée.

Ulysse va périr dans les flots, lorsque tout à coup une nymphe des eaux, Leucothée, s'élance comme un plogeon du fond de la mer, et, assise sur le bord de sa barque, lui présente une écharpe divine : Ceint cette écharpe, lui dit-elle, et, abandonnant ta frêle nacelle, que tes bras te servent de rames ; tu aborderas ainsi à l'île des Phéaciens. (ODYSSÉE.)

2356. **ISSARTI** (JOACHIM), 10, rue du Regard. — Trait de la vie de Turenne.

Pendant que l'armée passait dans un défilé très-long, Turenne se coucha derrière un buisson et s'endormit; les soldats le reconnurent, et, comme la neige commençait à tomber, ils lui firent une hutte; des cavaliers même donnèrent leurs manteaux pour lui faire une espèce de tente.

2465. **JULIEN**, rue des Martyrs, 62. — François Ier à Chambord.

Il montre à sa sœur, la reine de Navarre, les vers qu'il vient d'écrire sur une vitre du château :

« Souvent femme varie,
« Bien fol en qui s'y fie. »

2536. **LAFAYE** (PROSPER), Barrière-Blanche, 9, rue de l'Empereur. — Joséphine.

Peu de temps après son mariage, Bonaparte quitte sa jeune épouse pour aller commander l'armée d'Italie.

« Avec sa gloire ont commencé mes angoisses. » (Lettre inédite de Joséphine.)

2545. Judith présentant aux habitants de Bethsabé la tête d'Holopherne.

Calqué sur les vitraux de la cathédrale de Chartres, pour le concours ouvert pour la restauration de la Sainte-Chapelle, à Paris.

2568. **LAGIER** (EUGÈNE), 12, rue de Chabrol. — Louis XI et Galœtti.

Ce tableau est palpitant d'intérêt, l'artiste a fait grande preuve d'esprit en choisissant ce sujet. Louis XI et son ami Galœtti sont aux prises, mais le plus fin cette fois n'est pas le monarque, mais bien le serviteur; le roi lui dit : ta prétendue science peut-elle annoncer l'heure de la mort. L'astrologue, sans s'émouvoir, répondit : Elle ne le peut que relativement à la mort d'un autre ; aussi vous dirai-je que la vôtre ne dépassera pas vingt-quatre après la mienne. On sait combien le roi Louis XI avait peur de la mort. On comprendra facilement qu'avec cette donnée il n'y avait plus qu'à se mettre à l'œuvre, toutefois après s'être bien pénétré de son sujet.

3653. LANOUE (Félix-Hypolite), 21, rue Fontaine-St-Georges. — Vue prise dans l'île de Capri (Golfe de Naples.)

Au sommet du grand rocher sont les ruines du palais de l'empereur Tibère.

2695. — LATOUCHE (Lucien de), 2, rue de la Michodière.— Un veuf.

« C'est quand on a perdu, qu'on sait comment on aime. » (Lamartine.)

2719. — LAVERGNE (Claudius), 28, rue de Madame. — Le Miracle des petits oiseaux.

Jésus dans son enfance jouait avec d'autres enfants au bord d'un ruisseau; ils prirent de la terre molle et en formèrent des petits oiseaux. Chacun vantant son ouvrage en cherchait à l'élever au-dessus de celui des autres; mais le Seigneur Jésus dit à ses oiseaux: « Allez, volez et souvenez-vous de moi étant vivants. » Et ils s'envolaient et revenaient à sa voix; et les enfants lui demandaient s'il était le fils du Créateur. *(Evangile de la Sainte-Enfance.)*

2724. — LAVIDIÈRE (Alfred), 57, rue du Cherche-Midi. — Sentinelle de Zouave surprise et décapitée.—Palpitant d'intérêt.

3133.—MARCHAIS (J.-Baptiste Etienne), 100, rue du Bac.— Entrevue de Clotaire II, roi de France, et de saint Leu, archevêque de Sens.

Clotaire, séduit par des mensonges artificieux, exila saint Leu, quelque temps après il le fit revenir à sa cour, et le prince, le voyant maigre et défiguré, en fut si touché qu'il se jeta aux pieds du saint prélat pour le prier de lui pardonner les souffrances qu'il lui avait fait endurer.

3148. — MARCUSE (Elie), 8, rue de la Tour-d'Auvergne. — La mort de Saül et de ses fils.

Saül, roi des Juifs, après la malheureuse bataille qui causa l'anéantissement de son armée et la mort de l'un de ses trois fils, se perça de son épée pour ne pas tomber vivant entre les mains de l'ennemi. Son écuyer se tua après lui.

3236. —MAYER (Auguste), 23, rue Neuve-Bréda. — Le combat, baleinier du brick de guerre français, *le Mercure*, se laisse affaler sous le vent du brick américain le *Sommero*, et au risque d'être englouti, parvient à sauver dix hommes de ce bâtiment, naufragé devant la Vera-Cruz, le 7 décembre 1846.

3445. — NÈGRE (Charles), 49, quai de l'Horloge.— Mort de saint Paul, premier ermite.

3446. — NEIMKÉ (Charles), 9, rue Childebert. — Abd-el-Kader remettant l'épée de soumission au général Lamoricière.

Malgré le peu de temps que l'artiste a eu pour traiter son sujet, félicitons sa production.

3594. — PERNOT (François-Alexandre), 7, rue Saint-Hyacinthe-Saint-Honoré. — Vue du château de Plessis-du-Parc, ou Plessis-lès-Tours, résidence de Louis XI, d'après d'anciens plans, des dessins authentiques et d'après ce qu'il reste des bâtiments et des fossés.

Ce château, situé à une petite distance de Tours, dépendait autrefois du duché de Luynes. Il fut acheté par Louis XI le 12 novembre 1463. Il y mourut après vingt-deux ans de règne. Aujourd'hui Plessis-lès-Tours n'est plus qu'une ferme.

3599. — **PÉRONARD** (Melchior), 17, rue du Faubourg-Montmartre. — Mazeppa.

« Nous volions, le coursier et moi... une plaine immense s'étend « au loin dans les ombres de la nuit; l'œil ne peut en mesurer la « longueur... »

3609. — **PERRIN** (Émile), 1, rue de la Paix. — Pierre Corneille chez le savetier.

Fontenelle rapporte dans ses mémoires que le grand Corneille, réduit vers la fin de sa vie à un état voisin de la gêne, entra un jour dans l'échoppe d'un savetier pour y faire raccommoder un de ses souliers.

3646. — **PHILIPPOTEAUX**, 5, rue Lorette. — Le colonel Gourgaud sauvant la vie à Napoléon (le 21 janvier 1814).

3652. — **PICART** (Louis), 21, place du Musée. — Les deux hommes vêtus de noir.

Ce tableau vraiment curieux est tiré de l'admirable ouvrage de M. Victor Hugo, intitulé *Notre-Dame de Paris*.

3657. — **PICHAT** (Olivier) 26, rue Pigale. — Chicot et Borromée au cabaret de la Corne d'abondance.

« A la bonne heure! dit Chicot; nous voilà de plain-pied, et « nous pouvons causer tout en escrimant. Ah! capitaine, capitaine, « nous assassinons donc quelquefois comme cela, dans nos mo- « ments perdus, entre deux complots. » (Al. Dumas, *les Quarante-Cinq*.)

3687. — **PILS** (Édouard), 77, rue et place Pigale. — Nomination du général comte Oudinot à la dignité de maréchal de l'Empire, le 12 juillet 1809.

Blessé deux fois dans la mémorable journée du 6 juillet 1809, il fut recueilli dans une maison de paysans de Znaïm, et était couché sur la paille lorsque le colonel Flahaut, aide-de-camp du prince de Neufchâtel, lui apporte une lettre de l'Empereur qui le nomme maréchal de l'Empire.

3689. — **PILS** (Isidore), 77, place Pigale. — Passage de la Bérézina, le 26 novembre 1812.

Inutile de parler de ce fait, il est assez connu de tout le monde, seulement félicitons sincèrement l'artiste et engageons-le surtout à persévérer dans cette bonne voie.

3730. — **PLASTEL** (Henri), 54, rue Blanche. — Episode de l'Inondation du faubourg d'Olivet, près d'Orléans, le matin du 21 octobre 1846.

3732. **PLINVAL** (Mlle Zoé), 8, rue d'Anjou-Saint-Honoré. — Une jeune fille avant sa première communion, reçoit la bénédiction de sa grand'mère.

3747. — **POLTORATZKY** (Mlle Marie de), 1, rue du Dauphin. — Cinq-Mars. Aquarelle.

3819. — **QUANTIN** (Jules), 32, rue de l'Ouest. — Le Titien peignant avec des fleurs.

Le prodigieux instinct du Titien pour la couleur se révéla dès ses premières années; il s'en allait dans les jardins, dans les prairies, cueillait les fleurs les plus belles et les plus éclatantes. Une fois en possession de cette magique palette donnée par la nature, il n'avait besoin ni de crayon, ni de pinceaux, il prenait tout bonnement le suc de ses plus belles fleurs, et la fresque était aussitôt conçue qu'exécutée.

3874. — **RENIÉ** (Nicolas), rue Saint-Louis au Marais. — Les derniers moments d'Alasco.

Il paraît qu'il préparait quelques-unes de ses drogues infernales, et que le masque de verre qu'il portait habituellement est tombé de son visage, par lequel ce poison subtil s'est introduit dans le cerveau et l'a tué. *(Walter Scott.)*

3879. — **REY** (Arthur de) 56, rue Rochechouart. — Etienne Pascal découvre les dipositions de son fils Blaise pour la géométrie.

C'est au plancher que le jeune Pascal confiait ses observations, afin de ne point laisser de traces de son travail. Il était parvenu à la trente-deuxième proposition d'Euclide quand il fut surpris par son père, qui, frappé de cette pénétration extraordinaire, ne mit plus d'obstacle à son penchant.

3901. — **RICHER DELAHAYE** (François), 74, rue Saint-André-des-Arts. — Aréthuse poursuivie par un fleuve, invoque Diane, qui la change en Fontaine. (Miniature.)

4069. **SCHEFFER** (Henri), rue Pigale, cité Pigale. — La mère et la fille.

« Ma fille, Dieu est le maître, ce qu'il fait, est bien fait,
« Ma fille, il vous a donnée à moi, de qui me plaindrais-je ?
« A ces dernières paroles, la jeune fille tout émue, tomba aux « genoux de sa mère, prit ses mains, les baisa, et se pencha sur « son sein en pleurant. Et la mère faisant un effort pour élever la « voix : Ma fille, dit-elle, le bonheur n'est pas de posséder beau« coup, mais d'espérer beaucoup. (Lamennais.)

4092. **SCHLESINGER** (Henri), 24, rue de la Victoire. — Premier amour de Voltaire.

Le père de Voltaire le crut perdu en apprenant qu'il faisait des vers et qu'il voyait bonne compagnie. Afin de l'arracher à des habitudes dangereuses, il le fit partir pour la Hollande en 1713. Voltaire avait alors 19 ans, et devint amoureux d'une demoiselle à la Haye, nommée Dunoyer. La mère croyant que le meilleur moyen de tirer parti de cette aventure était de faire grand bruit, porta ses plaintes à l'ambassadeur.

4104. **SCHNETZ** (Jean-Victor), 374 bis, rue Saint-Honoré. — Funérailles d'une jeune romaine dans les catacombes de Rome, au temps des persécutions.

Le funèbre cortége est au moment de franchir l'entrée des catacombes ; un des fossari (conducteur) l'attend une lampe à la main, pour le guider dans les détours obscurs du souterrain ; un jeune pâtre converti baise respectueusement, en passant, le manteau dans lequel est porté le cadavre de la jeune martyre.

Plus loin, une femme porte sa petite fiole contenant du sang de la victime ; elle manifeste son effroi en apercevant dans le lointain une troupe de soldats romains.

4598. **ZIER** (Victor-Casimir), 2, rue de Crussol. Tête de femme.

Sculpture.

4599. Une Vierge, statue en marbre de Vizille.

4605. Buste du pape Pie IX, exécuté d'après nature, au Quirinal Plâtre par M. **BARRE**.

4616. Saint-Marcoul guérit les écrouelles, par **BION** (Eugène).

4623. Jeanne Hachette, statue en marbre, par **BONNASSIEUX**,
Destinée à la décoration du jardin du Luxembourg.

4637. La Samaritaine, groupe en plâtre, par **BROUSLET**.
« Comment, vous qui êtes juif, vous me demandez à boire à moi?
« Si vous saviez quel est le bon Dieu et celui qui demande à boire!

4638. La Régénération de l'Italie par le pape Pie IX, groupe en plâtre par le même.

4657. Génie funèbre, statue en plâtre, par **CAPELLARO**.

4850. Buste de M. Bouffé, marbre, par **MATHIEU-MEUSNIER** (ROLAND).

4857. La naissance de l'astronomie, statue en plâtre, par **MICHAUD** (CLAUDE).
« Les bergers chaldéens, les premiers, étudièrent les astres et « découvrirent l'astronomie. »

4861. L'Amour discret, bas-relief en plâtre, par **MOULLÉ** (EUGÈNE).

4865. Un ange de paix veille sur Niemcewicz et Kniaziewicz, groupe en pierre de Conflans, par **OLESZCZYNSKI** (LADISLAS).
(Ce monument commémoratif, élevé par l'émigration polonaise en l'honneur du sénateur Niemcewicz, poète, et du général Kniaziewicz, est destiné à l'église de Montmorency.)

4867. La reine Berthe, mère de Charlemagne, statue en marbre, par **OUDINÉ** (EUGÈNE-ANDRÉ).
(Pour la décoration du jardin du Luxembourg.)

4881. Nyssia, statue en marbre grec pentélique, par **PRADIER** (JAMES).
« . . . . Pour me comprendre, il faut que tu contemples Nys-
« sia dans l'éclat radieux de sa blancheur étincelante, sans ombre
« importune, sans draperie jalouse, telle que la nature l'a mo-
« delée de ses mains dans un moment d'inspiration qui ne revien-
« dra plus. Ce soir, je te cacherai dans un coin de l'appartement
« nuptial... tu verras. »
(THÉOPHILE GAUTHIER. — *Le roi Candaule*).

4887. Horace enfant, statue en plâtre, par **RENOIR** (ALEXANDRE).
« Enfant, fatigué de mes jeux, je m'endormis sur le Vultur,
« du côté qui n'appartient plus à l'Apulie, ma terre nourricière :
« de poétiques colombes me couvrirent de verdoyant feuillage. »
(HORACE, *Odes*).

4929. Un vase, modèle en plâtre, par **WALCHER** (JOSEPH-ADOLPHE-ALEXANDRE).
Les bas-reliefs circulaires représentent la culture de la vigne, ceux du corps du vase, des buveurs.

ARCHITECTURE.

4938. Fragments trouvés dans les fouilles faites en 1847 dans la chapelle du couvent des Célestins, sous les ordres de M. Charle, architecte, par **DEJEAN** (E.).

4945. Projets d'une église paroissiale, par **CASTÉ** (PAUL).
1° Plan horizontal;
2° Coupe longitudinale de l'église;
3° Élévation principale de l'église;
4° Élévation latérale de l'église.

4964. Études d'une tribune du XIIe siècle existant sous le clo du portail de l'église collégiale de Saint-Quentin (Aisne), LACROIX (EUGÈNE).

Plan;
Détails des chapitaux et des peintures;
Coupe transversale;
Coupe longitudinale.

4961. Projet d'un monument à la pacification de l'Afrique paise, quatre dessins, *même numéro*, par MOUTON (PIE ELPHÈGE).

1° Plan du monument;
2° Élévation principale;
3° Élévation latérale;
4° Coupe du monument.

4979. — Un cadre contenant sept gravures, par BARBA et BARD :

1° La récureuse, d'après Paul Potter;
2° Les chèvres, d'après Paul Brill;
3° Le combat d'Ouessant, d'après M. Morel Fatio;
4° Vue d'Ajaccio (Corse), d'après M. Morel Fatio;
5° Le noyer, d'après M. Vetter;
6° Portrait du prince de Conti;
7° Portrait du Régent, neveu de Louis XIV.

4980. — Plantes diverses, groupes, gravures à l'eau-fort BLERY (EUGÈNE).

4981. — Sujets divers; eaux-fortes, *même numéro*, par BU (DENIS-MARIE-JULES).

4982. — Projets de l'église Sainte-Marie pour la place d'E d'après M. Magne; par BURY (J.-B.-M.).

CATHÉDRALE DE COLOGNE.

4983. — Vue perspective de l'abside.

4984. — Élévation de la façade, plan et coupes.

4985. — Élévation latérale de l'abside, fenêtres, clocheton, autels et détails.

4986, quatre gravures, *même numéro*.

1° Coupe de l'église Sainte-Marie, à Trèves;
2° Coupe de la cathédrale de Vienne (Autriche);
3° Cheminée et détails, de la maison de Jacques-C Bourges;
4° Détails du Ciborium de Saint-Paul, hors les m Rome.

4987. — Monuments mexicains, deux gravures, *même num*

1° Porte principale de la maison dite du gouver Uxmal;
2° Ruines d'un palais à Uxmal.

(Ces planches font partie de l'ouvrage ayant pour titre *ments anciens et modernes*, par M. Gailhabaud, et pul MM. F. Didot.

VENTE, éditeur, place Maubert, 40
près le quai Montebello.

Imprimerie de Édouard Bautruche, r. de la Harpe,

218

www.ingramcontent.com/pod-product-compliance
Lightning Source LLC
LaVergne TN
LVHW020639110826
845149LV00004B/1287

* 9 7 8 2 0 1 9 3 1 5 7 9 5 *